Der Völkermord in Ruanda

Hintergründe und Erklärungsversuche

Portfolio-Arbeit

Elias Häfele

Der Völkermord in Ruanda

Hintergründe und Erklärungsversuche

Portfolio-Arbeit

Elias Häfele

Impressum

Bibliografische Information der Deutschen Nationalbibliothek: Die Deutsche Nationalbibliothek verzeichnet diese Publikation in der Deutschen Nationalbibliografie; detaillierte bibliografische Daten sind im Internet über dnb.dnb.de abrufbar.

© 2018, Elias Häfele
Herstellung und Verlag: BoD – Books on Demand, Norderstedt

ISBN: 978-3-750411562

Inhaltsverzeichnis

Einleitung

Der Völkermord in Ruanda hat nach meiner Ansicht nicht erst – so wie in den medialen Berichterstattungen kolportiert – 1994 stattgefunden, sondern in Form eines kontinuierlichen Prozesses bereits viel früher. Der Grundstein dafür wurde durch die Handlungen der deutschen und belgischen Kolonialmächte in der afrikanischen Region Ruanda und Umgebung zum Ende des 19. bzw. Anfang des 20. Jahrhunderts gelegt. Das Versagen bzw. die Schuld der (ehemaligen) europäischen Kolonialherren könnte eine eigene Chronik füllen, ich will mich aber in dieser Arbeit weniger auf das Aufschreiben der Schreckensgeschichte konzentrieren als vielmehr – durch den Versuch des Verstehens und Erklärens der Ereignisse – eine Möglichkeit finden, in der heutigen Zeit durch einen Perspektivenwechsel, Verantwortung zu übernehmen; doch davon in den abschließenden Gedanken mehr.

Die Republik Ruanda

Ruanda ist ein dicht bevölkerter, relativ kleiner (26.340 Quadratkilometer) Binnenstaat in Ost-Zentralafrika, der an Burundi, die Demokratische Republik Kongo, Uganda und Tansania grenzt (CIA World Factbook 2018). Die Hauptstadt ist Kigali. Derzeit leben rund 11,92 Millionen Menschen im dicht besiedelten Ruanda (über 40 Prozent der Bevölkerung sind unter 15 Jahre alt), die Volksgruppen der Hutu (ca. 84 Prozent), der

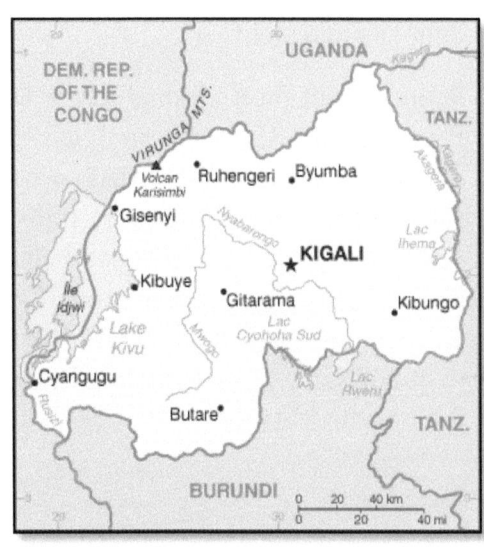

Abbildung 1: Die Republik Ruanda (Quelle: CIA World Factbook).

Tutsi (ca. 16 Prozent) und der Twa (ca. 0,3 Prozent) teilen Sprache und Kultur - offiziell existiert keine Einteilung in Volksgruppen mehr (Auswärtiges Amt 2018). Die Bevölkerung wächst um 2,4 Prozent jährlich (Die Welt im Bild 2018). Die Landessprachen sind Kinyarwanda, Englisch, Französisch und Swahili. Die Hauptreligionen bzw. Kirchen teilen sich auf in Katholiken (44 Prozent), Protestanten (38 Prozent), Adventisten (12 Prozent) und Muslime (3 Prozent) (Auswärtiges Amt 2018).

Von 1884 bis 1916 war Ruanda eine deutsche Kolonie, danach belgisches UN-Mandatsgebiet. Erst 1962 erhielt Ruanda seine Unabhängigkeit (Attalah 2018).

Das Land zählt zu den ärmsten in Afrika. In den letzten Jahren waren allerdings wirtschaftliche Fortschritte zu verzeichnen, die aber hauptsächlich durch die Ausbeutung von Rohstoffen in den östlichen Kongoprovinzen erzielt werden (BBC News 2007). Die regierende Partei ist die Ruandische Patriotische Front (RPF), die auch den Präsidenten Paul Kagame stellt.

Ruanda steht international in der Kritik wegen mangelnder Pressefreiheit, Unterdrückung der Opposition, Manipulation von Wahlen (Frankfurter Rundschau 2018) sowie der Destabilisierung des Ostkongo (Simon 2018). Im Demokratie-Index[1] belegt Ruanda den Rang 138 von 167 (zum Vergleich: Norwegen belegt den ersten Rang, Österreich den vierzehnten) (The Economist 2018); im Index der menschlichen Entwicklung[2] liegt Ruanda auf dem 159. Rang (zum Vergleich: Norwegen liegt auf Rang 1, Österreich auf Rang 24) (United Nations Development Programme 2018).

---

[1] Der Demokratieindex (engl. Democracy Index) ist ein von der Zeitschrift The Economist berechneter Index, der den Grad der Demokratie in 167 Ländern misst. Er wurde erstmals im Jahre 2006 und danach meist jährlich veröffentlicht (Wikipedia 2018a).

[2] Der Index der menschlichen Entwicklung (englisch Human Development Index, abgekürzt HDI) der Vereinten Nationen ist ein Wohlstandsindikator für Staaten. Der HDI berücksichtigt nicht nur das Bruttonationaleinkommen pro Kopf, sondern ebenso die Lebenserwartung und die Dauer der Ausbildung anhand der Anzahl an Schuljahren, die ein 25-Jähriger absolviert hat, sowie der voraussichtlichen Dauer der Ausbildung eines Kindes im Einschulungsalter (Wikipedia 2018b).

Zur Vorgeschichte des Genozids – Die Arroganz (und die Verbrechen) europäischer Kolonialmächte

Ruanda hat eine jahrhundertealte Geschichte als Monarchie. Am Ende des 19. Jahrhunderts wurde es, im Rahmen der Aufteilung Afrikas unter den europäischen Großmächten, Deutschland zugeschlagen und der Kolonie Deutsch-Ostafrika[3] unterstellt.

Offiziell beschränkten sich die Deutschen auf die indirekte Herrschaft (indirect rule) in Form einer Residentur, die den einheimischen Herrschern kontrollierend und beratend zur Seite stehen sollte.

Nach meinem Verständnis wurden jedoch die Koloniegebiete systematisch ausgebeutet: Einerseits durch den Export wertvoller Güter wie bspw. Elfenbein, Rohkautschuk, Baumwolle, Sesam, Kopra, Harze, Kokosnüsse, Matten, Holz, Gehörne, Kaffee und Nilpferdzähne (German Colonial Society 2018), andererseits durch die Rekrutierung Einheimischer zur Zwangsarbeit auf den Plantagen und Farmen der Weißen (Muders 2018).

---

[3] Deutsch-Ostafrika war die Bezeichnung einer in der Zeit von 1885 bis 1918 bestehenden deutschen Kolonie und umfasste die heutigen Länder Tansania (ohne Sansibar), Burundi und Ruanda sowie einen kleinen Teil Mosambiks mit einer Fläche von 995.000 km² mit rund 7,75 Millionen Einwohnern (Muders 2018).

„Es liegt auf der Hand, dass in Afrika zwei grosse ungehobene Schätze sind:
Die Fruchtbarkeit des Bodens und die Arbeitskraft vieler Millionen Neger. Wer
diese Schätze zu heben versteht, und es kommt nur auf die richtigen Leute
dabei an, der wird nicht nur Geld verdienen, sondern auch gleichzeitig eine
grosse Kultur Mission erfüllen."

~ Adolph Woermann, 1879
(Deutscher Reeder)

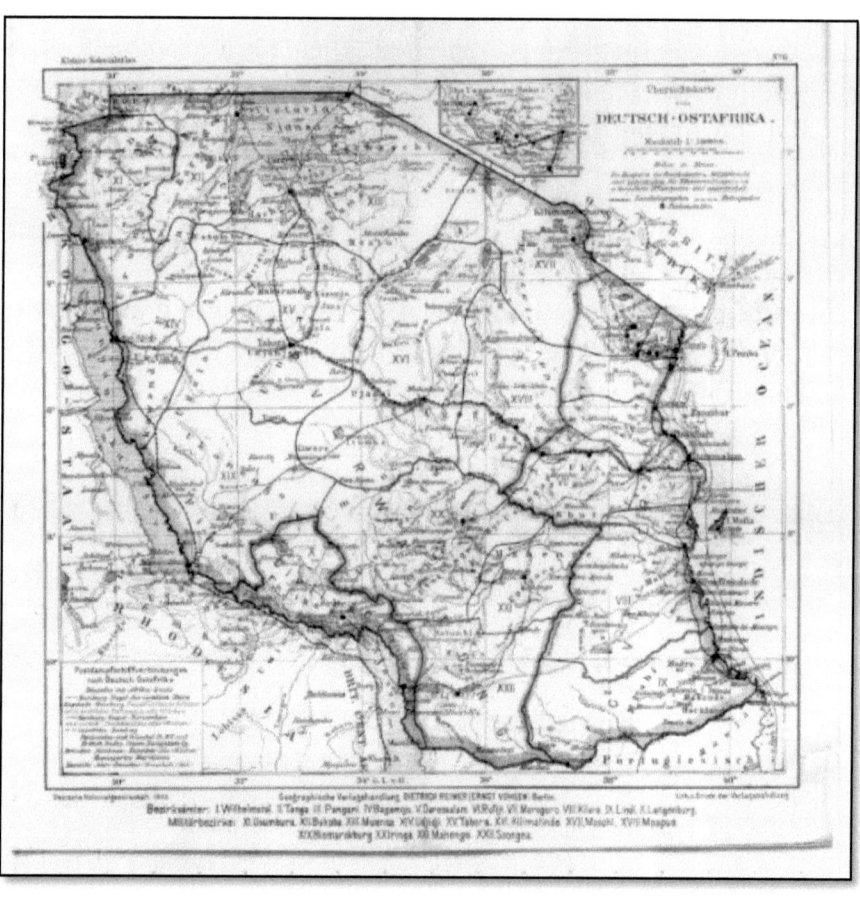

Abbildung 2: Historische Karte des Kolonialgebietes von Deutsch-Ostafrika (Quelle: Dt. Kolonial-Atlas).

Grundsätzlich wurde die afrikanische Bevölkerung durch ein perfides System zur Lohnarbeit gezwungen: Von den Kolonialmächten wurden obligatorische Steuern eingeführt, die jedoch nur in Form von Bargeld entrichtet werden konnten, welches wiederum nur durch Lohnarbeit bei den europäischen Kolonialherren erhältlich war.

Etwaiger Widerstand gegen das auszehrende Steuersystem wurde von den deutschen Kolonialherren auf blutige Weise niedergeschlagen, wie ich im folgenden Exkurs darlege:

> „Ich vernichte die aufständischen Stämme
> mit Strömen von Blut
> und Strömen von Geld"
> ~ Lothar von Trotha
> (Kommandeur in Deutsch-Südwestafrika)

Exkurs: Die Verbrechen der deutschen Kolonialmächte

Der Herero-Aufstand

Im Januar 1904 begann in Deutsch-Südwestafrika (das heutige Namibia) der durch Existenzängste (aufgrund der hohen Steuerlast) geschürte Aufstand der **Herero** auf deutsche Einrichtungen und Farmen. Da die Schutztruppe der Kolonie dem nicht gewachsen war, entsandte die Reichsleitung umgehend 15.000 Mann unter dem Befehl von Generalleutnant Lothar von Trotha, der den Aufstand der Herero bis zum August 1904 niederwarf (Wikipedia 2018e).

Der größte Teil der Herero floh daraufhin in die fast wasserlose Omaheke-Wüste. Trotha ließ diese abriegeln und Flüchtlinge von den wenigen dort existenten Wasserstellen verjagen, so dass tausende Herero mitsamt ihren Familien und Rinderherden verdursteten (Steinmetz 2005).

Angesichts der Vorfälle erhoben sich im Oktober 1904 die **Nama** in Form eines aussichtslosen Guerillakrieges – nach zahlreichen Verlusten fügten sich schließlich am 31. März 1908 fast alle Nama-Gruppen den deutschen Unterwerfungsverträgen. Trotzdem wurden die überlebenden Herero und Nama in Konzentrationslagern interniert, in denen annähernd jeder zweite Insasse starb. Von dem um 1904 auf rund 80.000 Personen geschätzten Herero- und Nama-Volk lebten 1911 geschätzt nur noch 20.000 Personen (Schaller 2004).

Die Kriegsführung Trothas zielte auf die vollständige Vernichtung der Herero und Nama ab (*„Ich glaube, dass die Nation als solche vernichtet werden muß"*) (Steinmetz 2005).

Erst **2015** erkannte die deutsche Bundesregierung diese Massaker als Völkermord (Genozid) an. Jedoch wehrt sie sich bis heute, Entschädigungen an Nachfahren der Herero und Nama zu zahlen (Schepers 2018).

Der Maji-Maji-Aufstand

Aufgrund der bis dahin beispiellosen Brutalität des Vorgehens einer Kolonialmacht in Deutsch-Südwestafrika, hinterließ der von 1905 bis 1907 andauernde **Maji-Maji-Aufstand** im kollektiven Gedächtnis Deutschlands im Vergleich noch weniger Spuren, obgleich die Erhebung der afrikanischen Bevölkerung im Süden Deutsch-Ostafrikas gegen die deutsche Kolonialherrschaft als einer der größten Kolonialkriege in der Geschichte des afrikanischen Kontinents einging (Wikipedia 2017c). Bei der

Niederschlagung des Aufstandes wurden zwischen 75.000 und 300.000 Einheimische getötet; auf deutscher Seite starben 400 Soldaten. Der Großteil der Opfer starb allerdings nicht durch Gewehrkugeln, sondern durch Hunger, weil die deutsche Schutztruppe 1907 damit begonnen hatte, Hütten, Dörfer, Felder und Busch niederzubrennen (Taktik der verbrannten Erde) (Morlang 2018):

„Es gilt Trinkwasser abzuschneiden oder den Feind durch Anzünden der Grasdächer und Hütten herauszutreiben. [...] Da man ein befestigtes Dorf nach der Einnahme meist niederzubrennen hat, ist aus praktischen Gründen stets eine Plünderung geboten." Hermann Wissmann in „Ratschlag zum Angriff auf eine afrikanische Siedlung" (Schepers 2018).

Am Ende lagen ganze Landstriche brach und ausgestorben – den Einheimischen wurden damit alle Lebensgrundlagen entzogen.

Das Konzept des Genozids, also der geplanten und systematischen Auslöschung einer Volksgruppe, war den Einheimischen bislang unbekannt und die bis dato „größte Lektion" die die Europäer den Afrikanern erteilten - und diese nie mehr vergaßen.

Parallel zur Einführung des Steuer-, Farm-, Nachrichten- und Verkehrswesens begann die Missionierung, bei der sich die Katholiken durchsetzten (Simon 2018).

In Ruanda lebte zur damaligen Zeit **ein Volk** mit **einer** gemeinsamen Sprache und Kultur. Die deutsche Kolonialmacht unterstützte zunächst die zu diesem Zeitpunkt herrschende Elite der Tutsi und versuchte, diese für ihre Zwecke zu nutzen. Hierzu muss ich im folgenden Exkurs etwas ausholen:

Exkurs: Die hamitische Hypothese

Die Kolonialmächte definierten die Kategorien von „Hutu",
„Tutsi" und „Twa" als „Stämme", unterschieden nach
rassistischen Kriterien bezüglich des Äußeren und des
angeblichen Charakters, sowie nach der Wirtschaftsbasis
(Tutsi = Rinderzüchter, Hutu = Bauern, Twa = Jäger und
Sammler) (deacademic 2018).

Deutsche Rassentheoretiker hatten zum Ende des 19.
Jahrhunderts auf Basis der Hamitentheorie[4] von John
Hanning Speke[5] die „hamitische Hypothese" entwickelt und
– in arroganter Kolonial-Manier - eine vielfältig
durchmischte afrikanische Gesellschaft in „Stämme" sortiert:
Einerseits die angeblich aus dem Niltal eingewanderten Tutsi
- eine hochwüchsige, hellhäutige, blaublütige, hamitische
Rasse - andererseits die ansässige Mehrheit der
untersetzten, negroiden, dienstbaren, bäuerlichen Hutu.

Die Hamiten seien die Träger der kulturellen Entwicklung
Afrikas gewesen und seien überhaupt eine überlegene
„Herrenrasse" (deacademic 2018). Diese „Rassen"-Einteilung
wurde zu einem wichtigen ideologischen Instrument der
Kolonialpolitik: Die Tutsi wurden zu „schwarzen Weißen"
geadelt und im kolonialen Herrschaftssystem privilegiert; sie

---

[4] Der Begriff „hamitisch" geht auf die biblische Gestalt Ham zurück und bezieht sich auf jene
Völker, von denen man mit Bezug auf die biblische Völkertafel der Genesis glaubte, dass sie von
Ham abstammen (Gille 2017).

[5] John Hanning Speke (1827-1864) war ein berühmter britischer Afrikaforscher, der gemeinsam
mit dem ebenso berühmten Abenteurer Richard Francis Burton Mitte des 19. Jahrhunderts in
Afrika nach der Quelle des Nils suchte (Reich 2018).

übernahmen bereitwillig eine Theorie, die ihre Überlegenheit historisch „bewies" (Kraler 2004).

Neuere genetische Untersuchungen belegen eine sehr nahe Verwandtschaft zwischen Tutsi und Hutu (auch relativ zu benachbarten Bevölkerungsgruppen), so dass von einer spezifischen Wanderung nur der Tutsi nicht auszugehen ist (Simon 2018).

Im Ersten Weltkrieg wurde das Land ausgehend von Belgisch-Kongo von belgischen Streitkräften besetzt und vom Völkerbund[6] Belgien als Teil des Mandatsgebietes Ruanda-Urundi zugesprochen.

Die belgischen Kolonialmächte übernahmen das „Erfolgsmodell" der Deutschen und führten deren Rassenpolitik nahtlos weiter: 1934 und 1935 wurde eine Volkszählung durchgeführt. Die Zugehörigkeit zu Tutsi oder Hutu wurde unter anderem anhand der Anzahl der Rinder definiert, die jemand besaß (alle Familien mit mehr als zehn Rindern waren Tutsi, alle mit weniger waren Hutu - wer kein Rind hatte, wurde als Twa eingestuft).

Die Belgier verhandelten zunächst ebenfalls vornehmlich mit den reicheren Tutsi. 1939 schrieben die belgischen Kolonialisten den Vermerk der ethnischen Zugehörigkeit zwingend im Personalausweis vor (Simon 2018). Der damit zementierte „Rassen-Klassen-Unterschied" wurde nun auch für die weithin nicht alphabetisierte Bevölkerung

---

[6] Der Völkerbund war eine zwischenstaatliche Organisation mit Sitz in Genf, der als Ergebnis der Pariser Friedenskonferenz nach dem Ersten Weltkrieg entstand und am 10. Januar 1920 seine Arbeit aufnahm. Sein Ziel, den Frieden durch schiedsgerichtliche Beilegung internationaler Konflikte, internationale Abrüstung und ein System der kollektiven Sicherheit dauerhaft zu sichern, konnte er nicht erfüllen. Nach dem Ende des Zweiten Weltkriegs und der Gründung der Vereinten Nationen (UNO) beschlossen seine damals noch 34 Mitglieder am 18. April 1946 einstimmig, den Völkerbund mit sofortiger Wirkung aufzulösen (Wikipedia 2018d).

Ruandas Realität und vergiftete zunehmend die Vorstellungswelt der Ruander.

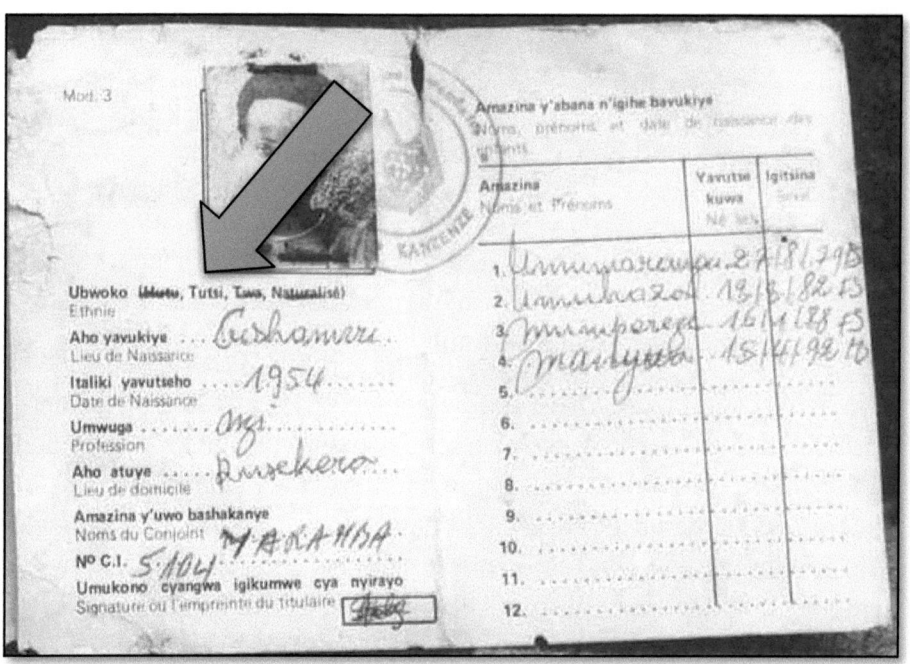

Abbildung 3: Ruandischer Pass mit dem „ethnischem" Eintrag „Tutsi" (Quelle: Archive.org).

Die Tutsi erhielten zunächst alleinigen Zugang zu den Kolonialschulen mit dem Ziel, dadurch der Kolonialverwaltung zu dienen: Wie bereits erwähnt wurde die Mehrheit der Bevölkerung Ruandas zu steuerlichen Abgaben und Zwangsarbeit verpflichtet, für deren Eintreibung die instrumentalisierten Tutsi zuständig waren. Naturgemäß führte dies zu Unzufriedenheit und Neid bei den „niederen" Ständen.

Als die Tutsi begannen, eigene Gedanken zu äußern und nicht mehr sämtliche Vorgaben der belgischen Kolonialmacht umsetzen wollten, setzte diese auf einen Strategiewechsel: Dem historischen

„Erfolgsmodell" des Prinzips „teile und herrsche[7]" folgend, begann die belgische Kolonialverwaltung und die katholische Mission nun zunehmend die Hutu politisch zu fördern. Als die Hutu 1959 schließlich die Macht übernahmen, hatten sie bereits das rassistische Gedankengut der Europäer angenomen und begannen, die Tutsi als später eingewanderte Fremde in Ruanda zu behandeln.

„Entzwei und gebiete! Tüchtig Wort;
Verein und leite! Bessrer Hort."
~ Johann Wolfgang von Goethe

Da das kollektive Gedächtnis eines Volkes nichts vergisst (*„Ein bösartiges Wort verrottet nicht"*) und entsprechende versöhnende Interventionen (seitens der ehemaligen Kolonialstaaten) ausblieben, entlud sich der zunehmende Rassismus bereits im Jahr 1959 in der Bauernrevolte der Hutu durch erste Massaker (bis zu zehntausend Tutsi wurden getötet) und Vertreibungen und führte zur ersten großen Fluchtwelle von 15.000 Tutsi in die Nachbarstaaten Burundi und Uganda (Simon 2018).

1959 wurde der Anteil der Tutsi an der Gesamtbevölkerung Ruandas auf 12-13 Prozent geschätzt; dieser nahm bis zum Völkermord 1994 durch weitere Fluchtwellen und Vertreibungen auf etwa 9-10 Prozent ab.

---

[7] Divide et impera (lateinisch für „teile und herrsche") ist eine Redewendung die empfiehlt, eine zu besiegende oder zu beherrschende Gruppe (wie z.B. ein Volk) in Untergruppen mit einander widerstrebenden Interessen aufzuspalten. Dadurch soll erreicht werden, dass die Teilgruppen sich gegeneinander wenden, statt sich als Gruppe vereint gegen den gemeinsamen Feind zu stellen. Die lateinische Formulierung wird teilweise Niccolò Machiavelli und Ludwig XI. (von Frankreich) zugeschrieben (Wikipedia 2017a).

Bei den Wahlen im Jahr 1960 gewannen erstmals die Hutu mit einer überwältigenden Mehrheit und die im Lande verbliebene Tutsi Minderheit verlor jegliche politische Macht. Ein Jahr später wurde bei der Konferenz von Gitarama (zweitgrößte Stadt von Ruanda) die Republik Ruanda ausgerufen und der sich im Ausland befindliche Tutsi-König entmachtet (Schmidt 2016a).

Die junge Republik wurde von der belgischen Kolonialmacht anerkannt und in weiterer Folge fluchtartig und ohne jegliche geordnete Machtübergabe-Strategien verlassen. In anderen Worten: Nachdem die Belgier das Land, die Politik und die Menschen jahrzehntelang nach ihren Vorstellungen geformt, rassisch segregiert, radikalisiert und ausgebeutet hatten, überließen sie Land und Menschen ihrem Schicksal. Seit 1962 gilt Ruanda nun vor der Weltöffentlichkeit als unabhängige Republik.

1963 versuchten die im Exil lebenden Tutsi die Macht durch eine großangelegte Invasion wiederzuerlangen. Diese konnte von der Hutu-Regierung abgewehrt werden. Die Opferzahlen der Kämpfe geht in die Zehntausende. Wiederum mussten einige hunderttausend Tutsi fliehen (Schmidt 2016a). In den folgenden Jahren kam es immer wieder zu Übergriffen und Massakern an in Ruanda verbliebenen Tutsi. Auch anderweitig wurden die Tutsi eingeschränkt, so wurde etwa der Zugang zu Universitäten beschränkt, eine politische Opposition wurde insgesamt verboten und teils gewaltsam ausgeschaltet.

„Ruanda, so der Eindruck der nun herrschenden Hutu, wurde von den Tutsi bedroht und musste gegen diese verteidigt werden. In dieser Zeit wurde erstmals der Begriff inyenzi (Kakerlaken) für Tutsi-Kämpfer verwendet, der später auf alle Tutsi angewendet wurde. Ein erster Schritt der

Entmenschlichung des Gegners.“ (Schmidt 2016a)

Das Hutu-Regime unter Präsident **Grégoire Kayibanda** machte seither die Bedrohung durch die Tutsi-Rebellen für alle wesentlichen innenpolitischen Probleme des Landes verantwortlich, zugleich konstruierte es den in Krisensituationen stets reaktivierten Mythos eines langen, mutigen und erfolgreichen Kampfes gegen erbarmungslose Unterdrücker (Attalah 2018).

Abbildung 4: Grégoire Kayibanda (Quelle: kanyarwanda.net).

Die Strategie, durch den gemeinsamen Feind Einigkeit im Land zu schaffen war nur bedingt erfolgreich: 1973 putschte der Verteidigungsminister Ruandas **Juvénal Habyarimana** und machte sich selbst zum Präsidenten (Schmidt 2016b); seinen Cousin Grégoire Kayibanda ließ er zusammen mit dessen Ehefrau an einem unbekannten Ort verhungern.

In den frühen 1990er Jahren begann eine Rebellion gegen die ruandische Regierung, als Rebellen der von den Tutsi dominierten RPF unter der Führung von **Paul Kagame** die Grenze aus Uganda überquerten. Darüber hinaus formierten sich radikale Hutu-

Abbildung 5: Präsident Juvénal Habyarimana (Quelle: Wikimedia Commons).

Extremisten („Hutu-Power[8]") gegen den nach ihrer Meinung moderaten Hutu Habyarimana (Wikipedia 2017b).

Die Regierung setze auf eine scharfe Anti-Tutsi Rhetorik und ermunterte Bürger gegen Tutsi vorzugehen, welche verdächtig seien die RPF zu unterstützen. Der Begriff der „inyenzi" (Kakerlaken) wurde wiederbelebt (siehe dazu den folgenden Exkurs).

Die Regierung erhielt Unterstützung von den ehemaligen Kolonialmächten Frankreich und Belgien, die beide Truppen in das Land brachten. Insbesondere Frankreich leistete eine beträchtliche Unterstützung: Nach Aussage eines französischen Offiziers hätte die Regierung ohne die Unterstützung französischer Artillerie den Krieg gegen die kampferprobte RPF schnell verloren (Schmidt 2016b).

Abbildung 6: Der amtierende Präsident Ruandas, Paul Kagame (Quelle: Wikipedia Commons).

Durch diese Unterstützung konnte die RPF wieder zurückgedrängt werden. Paul Kagame konnte jedoch seine Truppe (mit Unterstützung durch Uganda) vergrößern und reorganisieren; immer wieder gelangen dieser Überfälle und Besetzungen von Landesteilen in der Nähe der ugandischen Grenze (Attalah 2018).

Diese Erfolge (sowie der Druck der französischen Regierung) zwangen die ruandische Regierung dazu, ab Mitte 1992 in den Friedensprozess von Arusha einzutreten, der die Befriedung des Landes versprach. Die Spaltung der Regierungspartei in moderate und extremistische Flügel sowie der Einfluss der Hutu-Power-Bewegung ermöglichte es Habyarimana, die Umsetzung des unwillkommenen Arusha-

---

[8] Hutu-Power ist eine rechtsextremistischen Hutu-Bewegung, die sich die Vertreibung und später die Ausrottung aller Tutsi zur Ideologie gemacht hat.

Friedensabkommens (Habyarimana fürchtete, sein Präsidentenamt zu verlieren) hinauszuzögern (Attalah 2018).

Als im August 1993 endlich der Friedensvertrag von Arusha ausverhandelt war, stemmten sich große Teile seiner Partei und die gesamte Hutu-Power-Bewegung gegen die Übereinkunft.

Exkurs: Die „Wegbereitung[9]" des Genozids durch Propaganda

In der Propaganda zur Verhetzung gegen und zur Entmenschlichung der Tutsi sind die Parallelen[10] zur jüngeren deutsch-österreichischen Geschichte unübersehbar:

1990 wurde auf Initiative der Präsidenten-Gattin Agathe Habyarimana die **extremistische Hutu-Zeitung „Kangura"** („Weckt sie auf") als Konkurrenzmedium zur Zeitung Kanguka („Wacht auf") der gegnerischen RPF gegründet. Kangura erschien in ähnlicher Aufmachung wie Kanguka in

---

[9] Die Weg- bzw. Vorbereitung des Genozids erfolgte systematisch auf mehreren Ebenen: neben der entsprechenden Propaganda gaben die Armee und die politischen Machtgruppen in erheblichem Umfang Schusswaffen an die Bevölkerung aus. Da Schusswaffen jedoch teuer sind, entschlossen sich die Verantwortlichen zum großangelegten Ankauf von Macheten – diese waren durch die Belgier schon zu Ende des 19. Jahrhunderts erfolgreich zum Massenmord der Bevölkerung in Belgisch-Kongo eingesetzt worden. Ein Bericht der Menschenrechtsorganisation Human Rights Watch legte bereits im Jänner 1994 offen, dass darüber hinaus in erheblichem Umfang Kriegswaffenlieferungen nach Ruanda gingen (HUMAN RIGHTS WATCH ARMS PROJECT 1994).

[10] Die Ähnlichkeiten bspw. zur antisemitischen Wochenzeitung „Der Stürmer - Deutsches Wochenblatt zum Kampfe um die Wahrheit" liegen auf der Hand. „Der Stürmer" erschien vom 20. April 1923 bis 2. Februar 1945 in Nürnberg. Gründer und Herausgeber war der NSDAP-Gauleiter von Franken, Julius Streicher (1885-1946). Das Hetzblatt entwickelte sich seit 1933 zu einem NS-Massenblatt und erreichte eine maximale Auflage von 486.000 Stück, bei Sondernummern sogar bis zu 2 Mio. Ziel und Inhalt der Zeitung war die Diffamierung der Juden in Hetzartikeln, sinnentstellenden Montagen und insbesondere in antisemitischen Karikaturen (Zelnhefer 2018).

Französisch und Kinyarwanda und bezeichnete sämtliche Tutsi als inyenzi („Küchenschaben") oder aber als inkotanyi („Krieger"), welche angeblich Verschwörungen gegen die Hutu planten (Wikipedia 2016). Weiters wurde eine Sondernummer mit „Zehn Hutu-Geboten" herausgegegen, die die Hutu zum Zusammenhalt gegen die „Feinde" aufriefen und jeden Hutu zum Verräter erklärten, der Tutsi heiratete, beschäftigte oder unterstützte oder sich gegen die Hutu-extremistische Ideologie aussprach. Zwei dieser zehn Gebote richteten sich speziell gegen Tutsi-Frauen (Kangura, No. 6 2007).

Kangura veröffentlichte Listen mit Namen der zu tötenden Tutsi und moderaten Hutu, welche nachweislich während des Genozids zur Begehung von Massakern benutzt wurden.

Ruanda hatte Anfang 1990 noch eine Analphabetenquote von über 40 Prozent. Um auch diesen Bevölkerungsanteil zu erreichen, nahm die Machtgruppe um Präsident Habyarimana im August 1993 den Sendebetrieb des **Propaganda-Senders Radio-Télévision Libre des Mille Collines (RTLM)** auf. Der Sender erfreute sich wegen seines lockeren Stils, der Interaktionsmöglichkeit durch Anrufe von und Interviews mit Hörerinnen neben einer ansprechenden Musikauswahl rasch großer Beliebtheit. Zur Ausweitung der Hörerschaft teilte die Regierung kostenlos Radioapparate an lokale Behörden aus (Attalah 2018).

RTLM bediente sich einer ausgeprägten Anti-Tutsi-Rhetorik: Durch die Technik des Verdrehens warf die extremistische Hutu-Propaganda den Tutsi vor, sie planten die Vernichtung der Hutu - ein kollektiver Präventivschlag der angeblich Bedrohten sei darum unvermeidlich; erfundene Meldungen über Gräueltaten an Hutu spielten dabei eine wichtige Rolle.

Der Sender bezeichnete die Tutsi als Kakerlaken, Schlangen, Gewürm, Stechmücken, Affen etc., die es zu töten gelte: alle Hutu wurden aufgefordert, große Bäume und Buschwerk (die Tutsi) zu fällen - junge Triebe dürften dabei keinesfalls geschont werden (Attalah 2018).

In diesem Klima allerhöchster Feindseligkeit benötigte es nur einen Funken, um eine Gewaltexplosion auszulösen: die Initialzündung wurde von den Machthabern geplant und zum richtigen Zeitpunkt durchgeführt.

Der Auslöser des Genozids

Am 6. April 1994, kurz nach 20 Uhr wurde das Flugzeug von Präsident Habyarimana, der von einer Konferenz in Daressalam zurückkehrte, im Landeanflug auf den Flughafen von Kigali von zwei schultergestützten Boden-Luft-Raketen abgeschossen. Dabei kamen neben Habyarimana auch der Präsident von Burundi, zwei burundische Minister und der Generalstabschef der ruandischen Armee ums Leben (Schmidt 2016c).

Die Schuldigen standen für die französische Regierung schnell fest: Ein Berater des Präsidenten François Mitterrand und auch die Regierung beschuldigten sofort die von Paul Kagame geführten Tutsi-Rebellen (Balmer 2012).

Erst 2012 zwingen die Ermittlungen des französischen Untersuchungsrichters Marc Trévidic (sein Vorgänger Jean-Louis Bruguière hatte noch 2006 wegen des Attentats einen Haftbefehl gegen Kagame und acht weitere Ex-Rebellen erlassen) die Pariser Staatsführung (diese hatte bis zum Genozid, wenn nicht noch darüber hinaus, die Hutu-Mehrheit und Habyarimanas Regime unterstützt), ihre offizielle Geschichte des Genozids in Ruanda zu revidieren.

Trévidic hatte mit mehreren Flug- und Ballistikexperten vor Ort ermittelt; ihre Folgerung ist eindeutig:

> „Die Rakete, die in der Nacht des 6. April Habyarimanas Falcon-Jet traf, ist nicht, wie bisher behauptet wurde, aus einer Stellung der Tutsi-Rebellen abgefeuert worden, sondern aus dem Militärcamp Kanombé, also von Habyarimanas Regierungstruppen." (Balmer 2012)

Der Genozid

Mit Bekanntwerden des Todes des Präsidenten begann sofort die 100 Tage andauernde Gewaltwelle; die ersten Opfer waren zumeist sorgefältig ausgewählt (Todeslisten) und wurden vor allem aufgrund ihrer politischen oder gesellschaftlichen Stellung getötet. Moderate Hutu wurden in großer Zahl ermordet, darunter auch die Premierministerin Ruandas Agathe Uwilingiyimana[11] (Schmidt 2016c).

Die Hutu-Power übernahm schnell das Militär, bildeten nach einem schnellen Putsch eine neue Übergangs-Regierung und kontrollierten die Medien und die in den Jahren zuvor gebildeten Milizen.

Die ersten (politischen) Morde wurde von der rund 1500 Mann starken Präsidentengarde unter Führung von Colonel Théoneste Bagosor ausgeführt; die Garde war gut ausgerüstet und wurden in den Jahren zuvor von französischen und belgischen Militärberatern trainiert (Schmidt 2016c).

---

[11] Dabei kamen auch 10 belgische Blauhelm-Soldaten, die zum Schutz des Arusha-Friedensabkommens abgestellt waren, ums Leben. Die Zahl der stationierten Blauhelm-Soldaten wurde daraufhin drastisch reduziert.

Die RPF war durch diese Vorgänge beunruhigt und rückte von ihren Stützpunkten im Norden in Richtung Kigali aus; ein neuer Krieg war damit in vollem Gange.

Der ausbrechende Krieg und der Putsch ließen jedoch nicht die Ordnung in Ruanda zusammenbrechen, vielmehr sicherten sich die Putschisten die Kontrolle über die starke Bürokratie und nutzen diese, um ihre Massenmordpläne umzusetzen. Nur durch die starke hierarchische Kontrolle von zentraler Stelle war es möglich die unterschiedlichsten Kräfte für den Völkermord zu mobilisieren - so konnten in weniger als drei Monaten 800.000 Menschen (75 Prozent der Tutsi, die in Ruanda lebten) ermordet werden (Schmidt 2016d).

Abbildung 7: Die traditionelle hierarchische Struktur der Verwaltungswege in Ruanda (eigene Illustration).

Auf allen Ebenen der Verwaltung gab es allerdings auch gemäßigte Personen, welche versuchten die Gewalt einzudämmen und Opfer zu schützen; leider gelang dies nur sehr begrenzt und viele mussten ihr Engagement mit dem eigenen Leben bezahlen.

Die hohe Zahl von Zivilisten unter den Tätern[12] unterscheidet den Genozid von Ruanda von anderen Völkermorden (Schmidt 2016d). Hier spielte das Militär und auch die Polizei eine zentrale Rolle (bei beiden gilt die etablierte hierarchische Struktur von Befehl und Gehorsam): Diese initiierten und koordinierten das Töten, führten und überwachten

---

[12] Eine 2006 veröffentlichte empirische Studie schätzt die Zahl der Täter, die einen oder mehrere Morde begingen, auf 175.000 bis 210.000 (Attalah 2018).

die anderen (zivilen) Täter, stellte Ressourcen zur Verfügung und brachen etwaigen Widerstand (Schmidt 2017a).

Es ist wichtig zu betonen, dass einzelne Zivilisten versuchten, sich dem Morden zu entziehen, oder gar Widerstand leisteten. Die Formen dieses Nonkonformismus waren vielfältig: sie reichten von der Flucht vor der Gewalt und den Aufforderungen zum Mitmachen über individuelle Hilfe für bedrohte Tutsi (Attalah 2018).

Aufgrund der höheren Kampferfahrung und der Fokussierung der Regierung auf den Genozid, konnte die RPF innerhalb von drei Monaten das ganze Land erobern und erklärte am 18. Juli einen unilateralen Waffenstillstand. Der Genozid war damit beendet.

Nach den gigantischen Verbrechen der Nationalsozialisten vor und während des zweiten Weltkrieges hatten sich nahezu alle Mitglieder der Vereinten Nationen in der „Konvention über die Verhütung und Bestrafung des Völkermordes" verpflichtet, zukünftig Völkermorde zu verhindern (United Nations Human Rights 1948).

In Ruanda versagten die UN-Mitgliedsstaaten; Hauptgrund war der Unwille, die Kosten einer Intervention für ein Land, dem keinerlei strategische Bedeutung zugemessen wurde, auf sich zu nehmen (Schmidt 2017b).

Die Reaktion der UN auf das erneute Aufflammen der Gewalt war daher ein weitgehender Rückzug aus Ruanda - fast alle humanitären Helfer verließen das Land. Nur das Rote Kreuz und Ärzte ohne Grenzen blieben mit wenigen Helfern unter höchstem Risiko im Land.

Der Rückzug gipfelte in der Resolution 921 des UN-Sicherheitsrats (UNSCR 1994b), in der beschlossen wurde, die Truppe der Blauhelme auf **250 (!) Mann** zu reduzieren, mit dem Auftrag, einen Waffenstillstand auszuhandeln, soweit möglich humanitäre Hilfe zu unterstützen und ansonsten die Lage zu beobachten und zu berichten - ein absolut unmöglicher Auftrag.

„Der Gedanke, dass ein Völkermord ablief, wurde auf der diplomatischen Ebene nicht wahrgenommen. Der Gewaltausbruch wurde als neuer Bürgerkrieg gesehen und vor allem die USA, als wichtigstes Mitglied des Sicherheitsrats, sah Ruanda als einen weiteren blutigen und für Afrika typischen Krieg. " (Schmidt 2017b)

So dauerte es mehrere Wochen, bis die Beweise[13] für den Ablauf eines Völkermordes so eindeutig wurden, dass eine Reaktion der Weltgemeinschaft nicht mehr zu verhindern war – dies führte zur Verabschiedung der Resolution 918 am 17. Mai (UNSCR 1994a), welche die Größe der Blauhelm-Truppe auf 5500 Mann erhöhte. Deren Ankunft verzögerte sich jedoch, da niemand bereit war die Kosten der neuen Mission zu tragen (Schmidt 2017b). Somit trafen die ersten Truppen erst nach dem Sieg der RPF und dem damit verbundenen Ende des Genozids in Ruanda ein.

---

[13] Ruanda selbst hatte zu diesem Zeitpunkt einen Sitz im UN-Sicherheitsrat und die Regierung konnte so gezielt Desinformation verbreiten. Dies wurde auch durch Maßnahmen in Ruanda selbst unterstützt, so achtete man nach einiger Zeit darauf, Opfer nicht mehr auf offener Straße zu ermorden. Die guten Verbindungen der ruandischen Regierung zu Frankreich nutzen sehr dabei, eine Reaktion zu verlangsamen (Schmidt 2017b).

Erklärungsversuche

Bereits einleitend habe ich erwähnt, dass der Genozid nach meinem Verständnis kein singuläres Ereignis war, sondern mehr die Konsequenz eines Prozesses, der mit Beginn der Machtübernahme der Kolonialstaaten in den entsprechenden Regionen Afrikas begonnen wurde. Ausbeutung und Unterdrückung ganzer Länder und Volksgruppen, Rassische Segregation, Diskriminierung und Instrumentalisierung von „Ethnien", Völkermord, ...; alles Konzepte, die die Afrikaner von den Europäern unter großem Leid lernen mussten und über die Jahrzehnte in ihr kollektives Gedächtnis und in ihre Kultur des sozialen Miteinanders übernommen haben.

So kann einen die Anwendung dieser Konzepte bei Konflikten zwar erschrecken, darf aber eigentlich nicht verwundern. Ein Negieren bzw. ein fehlendes Antizipieren derselben – wie im vorigen Kapitel kurz dokumentiert - durch die UN-Mitgliedsstaaten ist deshalb m. E. als dieselbe Ignoranz und Arroganz zu werten, wie sie vor hundert Jahren den Kolonien in Afrika entgegengebracht wurde.

Dieselben Fehler dürfen nicht wiederholt werden - 5500 Blauhelme hätten den Genozid verhindern können, schätzen Experten (Steinke 2014). Derzeit schürt das Regime in Burundi den Hass zwischen Hutu und Tutsi – Beobachterinnen warnen vor einem Wiederholen der Geschehnisse wie im Nachbarland Ruanda (Scheen und Bujumbura 2015).

Auf individueller Ebene gibt es zahlreiche Erkenntnisse aus berühmten psychologischen Experimenten zur Erklärung und auch zur Vorhersage von Gewalttaten: Die Experimente von Milgram zum Gehorsam gegenüber Autoritäten (Germany 2017), die Robber's-Cave-Experimente[14] von Muzaffer Şerif zur Bildung von Stereotypen und zu Konflikten zwischen Gruppen (Wikipedia 2018c) sowie Zimbardo´s Luzifer-Effekt zur Macht der sozialen Situation welche von einem System geschaffen wird (Zimbardo 2018).

Jedenfalls liefern m.E. die vorgenannten Erkenntnisse weitaus besser Erklärungshypothesen als die übersimplifizierende Hamiten-Hypothese (Der Völkermord als Ergebnis einer jahrhundertelang schwelenden Stammesfehde), die immer wieder in Publikationen angeführt wird und den historischen und heutigen Einfluss der UN-Staaten unberücksichtigt lässt.

---

[14] Im sog. Ferienlagerexperiment verbrachten mehrere Jungen zunächst mehrere Tage als zwei kleine Gruppen, welche getrennt voneinander Ausflüge unternahmen, bis sie ein Gruppengefühl entwickelt hatten. Danach ließ man die Gruppen gegeneinander in Wettbewerben antreten, welche jedoch zugunsten von immer derselben Gruppe manipuliert wurden. Es dauerte nicht lange, bis die Mitglieder der einen Gruppe die Mitglieder der anderen Gruppe beschimpften und ihnen gegenüber aggressiv wurden. Ließ man beide Gruppen gemeinsam essen oder Filme sehen, reduzierte dies die Stereotype und Gehässigkeiten zwischen den Gruppen nicht. Erst als man den Gruppen Aufgaben stellte, die sie nur gemeinsam lösen konnten, reduzierten sich die Stereotype nach und nach. Zum Abbauen von Stereotypen reicht es also nicht, genügend Kontakt zwischen den verschiedenen Gruppen herzustellen, sondern es benötigt u. a. gemeinsame Ziele und die aktive Zusammenarbeit (Wikipedia 2018c).

Abschließende Gedanken

Die heutige, Tutsi-dominierte Regierung Ruandas versucht zwar durch die Bestrafung der Haupttäter des Völkermords (der sogenannten Génocidaires) sowie der Abschaffung der Kategorien Tutsi, Twa oder Hutu (öffentlicher Divisionismus wird bestraft), einen Prozess der nationalen Versöhnung in Gang zu bringen; eine Lösung wird aber nur sehr langsam und schwierig möglich sein, nach meiner Meinung nicht ohne massive Hilfeleistungen der UN für Ruanda und seine Nachbarstaaten.

Wir Europäer müssen einen Perspektivenwechsel vollziehen: Wir sind nicht die Retter aus der ersten Welt, wir müssen vielmehr Reparaturen leisten für „Die Sünden unserer Väter" – viele europäische Länder und die USA sind durch Afrika reich geworden und haben nun die Altschulden abzutragen.

Beginnen können wir mit einer besseren, wirksamen Flüchtlings-Hilfe und -politik auf gesamteuropäischer und individueller Ebene. Schwierig, in Zeiten, in denen in Österreich ehemalige Burschenschafter Ministerämter bekleiden, verstorbene Flüchtlingshelferinnen wie Ute Bock „zur Hölle gewünscht werden" und zunehmend ein angewandter Nationalismus praktiziert wird.

In Schulen wünsche ich mir deswegen mehr Fächer wie dieses, für welches ich meine Arbeit schreibe und mehr Arbeiten wie jene, die ich gerade schreibe.

Elias Häfele, 2018

Literaturverzeichnis

Attalah (2018): „Völkermord in Ruanda". *Wikipedia*.

Auswärtiges Amt (2018): „Auswärtiges Amt - Ruanda". *Auswärtiges Amt DE*. Abgerufen am 20.01.2018 von https://www.auswaertiges-amt.de/de/aussenpolitik/laender/ruanda-node/ruanda/212024.

Balmer, Rudolf (2012): „Was den Ruanda-Genozid auslöste". *Die Presse*. Abgerufen am 26.01.2018 von https://diepresse.com/home/politik/aussenpolitik/723072/Was-den-RuandaGenozid-ausloeste.

BBC News (2007): „Rwanda „most improved" in Africa". 25.9.2007.

CIA World Factbook (2018): „The World Factbook — Central Intelligence Agency". Abgerufen am 20.01.2018 von https://www.cia.gov/library/publications/the-world-factbook/geos/rw.html.

deacademic (2018): „Hamitentheorie". *Academic dictionaries and encyclopedias*. Abgerufen am 21.01.2018 von http://deacademic.com/dic.nsf/dewiki/572091.

Die Welt im Bild (2018): „Ruanda Demographie Daten / Zahlen / Fakten z.B. Bevölkerungswachstum 2,792% (2011)". Abgerufen am 24.01.2018 von http://www.ipicture.de/daten/demographie_ruanda.html.

Frankfurter Rundschau (2018): „Leitartikel: Die Fantasie der Wahlfälscher". *Frankfurter Rundschau*. Abgerufen am 21.01.2018 von http://www.fr.de/politik/meinung/leitartikel-die-fantasie-der-wahlfaelscher-a-1003939.

German Colonial Society (2018): „(HIS,P) Deutscher Kolonial-Atlas mit Jahrbuch (Atlas German Colonies, with Yearbook), edited by the German Colonial Society, 1905 - Deutsch-Ostafrika". Abgerufen am 21.01.2018 von http://www.zum.de/psm/imperialismus/kolonialatlas05/atlas011e.php3.

Germany, SPIEGEL ONLINE, Hamburg (2017): „Elektroschock-Experiment: Fast jeder würde auf Befehl foltern - SPIEGEL ONLINE - Wissenschaft". *SPIEGEL*

ONLINE. Abgerufen am 26.01.2018 von http://www.spiegel.de/wissenschaft/mensch/milgram-experiment-fast-jeder-wuerde-auf-befehl-foltern-a-1138728.html.

Gille, Uwe (2017): „Hamitentheorie". *Wikipedia*.

HUMAN RIGHTS WATCH ARMS PROJECT (1994): „ARMING RWANDA - The Arms Trade and Human Rights Abuses in the Rwandan War, Vol. 6, Issue 1".

Kangura, No. 6 (2007): „Kangura: The „Hutu Ten Commandments"". Abgerufen am 26.01.2018 von https://web.archive.org/web/20070228234711/http://www.trumanwebdesign.com/~catalina/commandments.htm.

Kraler, Albert (2004): „Re-imagining the Great Lakes? Überlegungen anlässlich zweier Neuerscheinungen zur Geschichte einer krisengeschüttelten Region". In: *Stichproben. Wiener Zeitschrift für kritische Afrikastudien Nr. 6/2004*. (6/2004).

Morlang, Thomas (2018): „„Finde ich keinen Weg, so bahne ich mir einen." Der umstrittene „Kolonialheld" Hermann von Wissmann1". Abgerufen am 24.01.2018 von http://www.kopfwelten.org/kp/personen/wissmann/#25.

Muders, Sebastian (2018): „Deutsch-Ostafrika". *Wikipedia*.

Reich, Heiko (2018): „John Hanning Speke | Filme-wahre Begebenheiten".

Schaller, Dominik J. (2004): „«Ich glaube, dass die nation als solche vernichtet werden muss»: Kolonialkrieg und Völkermord in «Deutsch-Südwestafrika» 1904–1907". In: *Journal of Genocide Research*. 6 (3), S. 395–430, doi: 10.1080/1462352042000265864.

Scheen, Thomas; Bujumbura (2015): „Burundi: Im Land der Angst". *FAZ.NET*. 12.10.2015.

Schepers, Lukas (2018): „Leichen im Kelller - Hamburgs koloniales Erbe". *FINK.HAMBURG*.

Schmidt, Kai (2016a): „Der Genozid von Ruanda (II.)". *Das Sonar*.

Schmidt, Kai (2016b): „Der Genozid von Ruanda (III.)". *Das Sonar*.

Schmidt, Kai (2016c): „Der Genozid von Ruanda (VI.)". *Das Sonar*.

Schmidt, Kai (2016d): „Der Genozid von Ruanda (VII.)". *Das Sonar*.

Schmidt, Kai (2017a): „Der Genozid von Ruanda (VIII.)". *Das Sonar*.

Schmidt, Kai (2017b): „Der Genozid von Ruanda (VIII.)". *Das Sonar*.

Simon, Rudolf (2018): „Ruanda". *Wikipedia*.

Sprichworte der Welt (2018): „Sprichworte aus Ruanda". Abgerufen am 21.01.2018 von http://www.sprichworte-der-welt.de/sprichworte_aus_afrika/sprichworte_aus_ruanda.html.

Steinke, Ronen (2014): „Chronik des Versagens". *sueddeutsche.de*. 6.4.2014.

Steinmetz, George (2005): „Von der „Eingeborenenpolitik" zur Vernichtungsstrategie: Deutsch-Südwestafrika, 1904".

The Economist (2018): „Democracy Index 2016 - The Economist Intelligence Unit". Abgerufen am 24.01.2018 von https://www.eiu.com/public/topical_report.aspx?campaignid=DemocracyIndex 2016.

United Nations Development Programme (2018): „Human Development Data (1990-2015) | Human Development Reports". Abgerufen am 24.01.2018 von http://hdr.undp.org/en/data.

United Nations Human Rights (1948): „OHCHR | Prevention and Punishment of the Crime of Genocide". Abgerufen am 26.01.2018 von http://www.ohchr.org/EN/ProfessionalInterest/Pages/CrimeOfGenocide.aspx.

UNSCR (1994a): „Security Council Resolution 918 - UNSCR". Abgerufen am 26.01.2018 von http://unscr.com/en/resolutions/918.

UNSCR (1994b): „Security Council Resolution 921 - UNSCR". Abgerufen am 26.01.2018 von http://unscr.com/en/resolutions/921.

Wikipedia (2018a): „Demokratieindex". *Wikipedia*.

Wikipedia (2017a): „Divide et impera". *Wikipedia*.

Wikipedia (2018b): „Index der menschlichen Entwicklung". *Wikipedia*.

Wikipedia (2017b): „Juvénal Habyarimana". *Wikipedia*.

Wikipedia (2016): „Kangura". *Wikipedia*.

Wikipedia (2017c): „Maji-Maji-Aufstand". *Wikipedia*.

Wikipedia (2018c): „Muzaffer Şerif". *Wikipedia*.

Wikipedia (2018d): „Völkerbund". *Wikipedia*.

Wikipedia (2018e): „Völkermord an den Herero und Nama". *Wikipedia*.

Zelnhefer, Siegfried (2018): „Der Stürmer. Deutsches Wochenblatt zum Kampf um die Wahrheit – Historisches Lexikon Bayerns". Abgerufen am 26.01.2018 von https://www.historisches-lexikon-bayerns.de/Lexikon/Der_St%C3%BCrmer._Deutsches_Wochenblatt_zum_Kampf_um_die_Wahrheit.

Zimbardo, Philip (2018): „Der Luzifer-Effekt: Wie bestimmte Situationen das Böse wecken". *derStandard.at*. Abgerufen am 20.01.2018 von https://derstandard.at/2881994/Der-Luzifer-Effekt-Wie-bestimmte-Situationen-das-Boese-wecken.

Bildquellen